Mi biblioteca de ciencias

¿A quién me parezco?

Un libro sobre los animales bebés

Julie K. Lundgren

Editora científica:
Kristi Lew

ROURKE PUBLISHING
www.rourkepublishing.com

Editora científica: Kristi Lew
Antigua maestra de escuela secundaria con una formación en bioquímica y más de 10 años de experiencia en laboratorios de citogenética, Kristi Lew se especializa en hacer que la información científica compleja resulte divertida e interesante, tanto para los científicos como para los no científicos. Es autora de más de 20 libros de ciencia para niños y maestros.

www.rourkepublishing.com

Photo credits:
Cover © Sari ONeal, Peter Wollinga, Lars Christensen, Utekhina Anna; Cover logo frog © Eric Pohl, test tube © Sergey Lazarev; Page 3 © Becky Sheridan; Page 4/5 © Donna Beeler; Page 6/7 © Ron Rowan Photography; Page 8/9 © Sari ONeal; Page 10/11 © Utekhina Anna; Page 12/13 © Kokhanchikov; Page 14/15 © knin; Page 16/17 © Mircea Bezergheanu; Page 18-21 © Emajy Smith; Page 22 © Ron Rowan Photography, Emajy Smith, Utekhina Anna; Page 23 © Emajy Smith, Becky Sheridan, knin

Editora: Kelli Hicks

Cubierta y diseño de página de Nicola Stratford, bdpublishing.com
Traducido por Yanitzia Canetti
Edición y producción de la versión en español de Cambridge BrickHouse, Inc.

Library of Congress Cataloging-in-Publication Data

Lundgren, Julie K.
¿A quién me parezco?: Un libro sobre los animales bebés / Julie K. lundgren.
    p. cm. -- (Mi biblioteca de ciencias)
ISBN 978-1-61741-719-1 (Hard cover)
ISBN 978-1-61741-921-8 (Soft cover)
ISBN 978-1-61236-896-2 (Soft cover - Spanish)
1. Animals--Infancy--Juvenile literature. I. Title.
QL763.L856 2012
591.3'9--dc22
                        2011938840

Rourke Publishing
Printed in the United States of America,
North Mankato, Minnesota
091911
091911MC

www.rourkepublishing.com - rourke@rourkepublishing.com
Post Office Box 643328 Vero Beach, Florida 32964

¡Mira! Un bebé **mapache.**

El mapache se parece a sus **padres**.

¡Mira! Una **oruga**.

La oruga no se parece
a sus padres.

Las mariposas son los padres de la oruga.

¡Mira! Un **gatito.**

El gatito se parece a sus padres.

La gata es la mamá del gatito.

13

¡Mira! Un **renacuajo**.

El renacuajo no se parece a sus padres.

Las ranas son los padres del renacuajo.

17

¡Mira! Un **potro**.

El potro se parece a sus padres.

1. ¿Cuál de los animales bebés se parece a sus padres?

2. Menciona dos animales bebés que no se parezcan a sus padres.

3. ¿Cuáles son las diferencias entre una oruga y sus padres?

Glosario ilustrado

gatito:
Es un gato bebé. Como sus padres, el gatito tiene pelos, cuatro patas y maúlla.

mapache:
Es un animal gris con una máscara negra y una cola rayada.

oruga:
Este animal sale primero de un huevo y luego cambia de crisálida a mariposa.

padres:
Los padres son las mamás y los papás de las crías o bebés.

potro:
Es un caballo bebé. Tiene patas largas, una crin y una cola como sus padres.

renacuajo:
Este animal sale primero de un huevo y luego se convierte en rana o sapo.

Índice

Sitios en la Internet

www.biokids.umich.edu/critters/Anura/
www.dnr.wi.gov/eek/
www.kidsbutterfly.org/life-cycle

Acerca de la autora

Julie K. Lundgren creció cerca del Lago Superior, donde le gustaba pasar tiempo en el bosque, recoger bayas y ampliar su colección de rocas. Su interés en la naturaleza la llevó a graduarse de biología. Hoy vive en Minnesota con su familia.

Comprensión y ampliación:

- Resumen:

  ¿Cuál de los animalitos se parece a sus padres?
  ¿Cuáles no se parecen a sus padres?

- Conexión personal con el texto:

  ¿Cuál de los animales te gustaría tener como
  mascota?
  ¿Cómo cuidarías de ese animal?

- Ampliación: *Dibuja y escribe*

  Dibuja un animal que te guste. Escribe acerca de
  tu dibujo. Puedes comenzar tu escrito con:
  "Yo me parezco a_____.

Mi biblioteca de ciencias
Niveles K-1

Palabras que reconozco a simple vista:

sus
un
el
parece
mira

Verificar vocabulario:

Usa palabras del glosario en una oración.

Ciencias de la vida
ANIMALES

¿Alguna vez te has preguntado cómo cambia el mundo a tu alrededor? Las plantas crecen y cambian, el Sol sale para calentar la Tierra y la materia cambia de una forma a otra. Aprende sobre la ciencia de los seres vivos, la física, la Tierra y la tecnología con *Mi biblioteca de ciencias* de Rourke. Esta biblioteca se ajusta a las normas de ciencias de la NSTA, por sus siglas en inglés, con un texto atractivo e imágenes coloridas para ayudar a los lectores desde kindergarten a tercer grado. ¿Estás listo para investigar?

Libros de *Mi biblioteca de ciencias*:

¿A quién me parezco? Un libro sobre los animales bebés

¿Cómo crecen las plantas?

Corre, nada, vuela

¿De qué está hecho?

Detente y sigue, rápido y lento: Mover objetos de diferente manera

El día y la noche

Los manzanos y las estaciones

Nuestro Sol produce vida

Reglas de seguridad en las ciencias

¿Sólido o líquido?

Utilizo instrumentos científicos

Utilizo máquinas simples

ISBN 978-1-61236-896-2

90000

9 781612 368962

ROURKE CLASSROOM

www.rourkeclassroom.com